AF221009

MACH DIE AUGEN ZU -
DANN HÖRT SICH REGEN
AN WIE APPLAUS.

DAS LEBEN IST HART,
aber die einzige Zeit,
IN DER MAN Spaß
HABEN KANN.

ICH GEH SCHLAFEN.

Ich habe nämlich gleich ein Date mit meinem

Traumprinzen!

Das Schönste an mir BIN ich!

ICH HABE NEULICH VERSUCHT **NORMAL** ZU SEIN. DAS WAREN DIE **LANGWEILIGSTEN** 10 MINUTEN MEINES LEBENS.

Man muss nicht VEЯRÜCKT sein, um mit mir befreundet zu sein, ABER ES HILFT UNGEMEIN!

IF STRESS *burned* CALORIES *I'd be a* SUPERMODEL

Ich mach

sehr gern

Sport.*

* Deshalb auch so selten. Es soll ja was Besonderes bleiben.

LIFE
IS NO SUGARLICKING!

nett KANN ICH AUCH, BRINGT ABER **nix.**

Vom Mond aus betrachtet
spielt das Ganze gar keine so große Rolle.

Ich LEIDE nicht an REALITÄTSVERLUST. Ich GENIESSE ihn.

„TRUST ME, YOU CAN DANCE."

Vodka

Da muss Ich erstmal 'ne NACHT drüber Feiern!

KANNST DU SO MACHEN –
DANN IST ES HALT

KACKE!

NOW WE HAVE THE SALAD

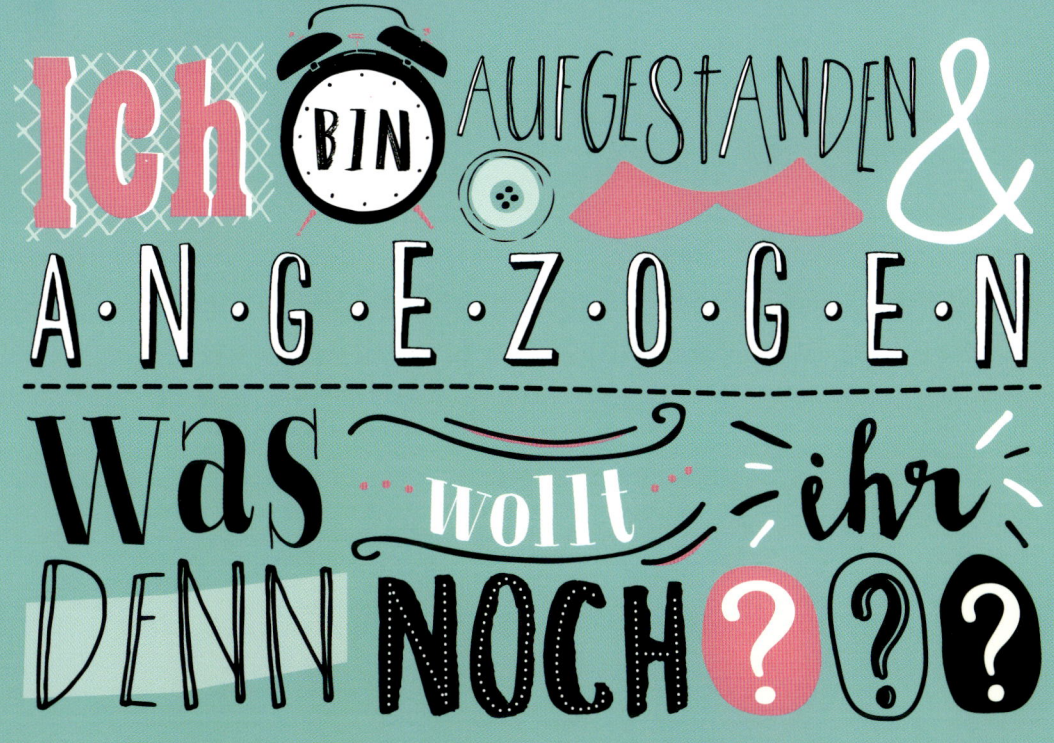

HOLD THE EARS STIFF!

HEUT FÜHL ICH MICH STARK WIE EIN BÄR!

Wie ein kleiner Bär.

Aus Plüsch. An einem Schlüsselbund.

BEVOR ICH MICH JETZT

AUFREGE,

ISSES MIR LIEBER

EGAL!

HiER KANN JEDER MACHEN, WAS ICH WiLL!

Frauen
sind nicht kompliziert.

SIE WOLLEN NUR GELIEBT WERDEN.
UND ÜBERRASCHUNGEN & SCHMUCK.

Und andere Dinge, die du erraten musst.

Ich könnte aufhören zu **SHOPPEN**, aber aufgeben war noch nie mein Ding.

Herr, gib mir:

Geduld

→ SOFORT ←

WENN PLAN !!!!! Ⓐ !!!!!

nicht funktioniert

›KEINE PANIK, DAS ALPHABET‹

hat noch **25** andere

BUCHSTABEN.

HABE MICH GEWOGEN.

Bin zu klein!

ZUHAUSE
IST DA, WO MAN
DEN BAUCH NICHT
EINZIEHEN MUSS.

Fühle mich oft
unverstanden,
bin vermutlich
ein Genie.

MIR REICHT,
WENN ICH WEIß,
DASS ICH KÖNNTE,
WENN ICH WOLLTE.

Heute
LEBE
ich.
MORGEN PUTZE ICH.
Vielleicht.

Das ist **HIER** keine **HIER** UNORDNUNG liegen nur überall IDEEN herum.

SORRY, MY ENGLISH IS UNDER ALL PIG.

AUFWACHEN.
ZUR COUCH TAPSEN.
REKELN. WEITERSCHLAFEN.
ICH WÄRE EIN TOLLES
HAUSTIER.

HOME is where your WiFi
»CONNECTS AUTOMATICALLY«

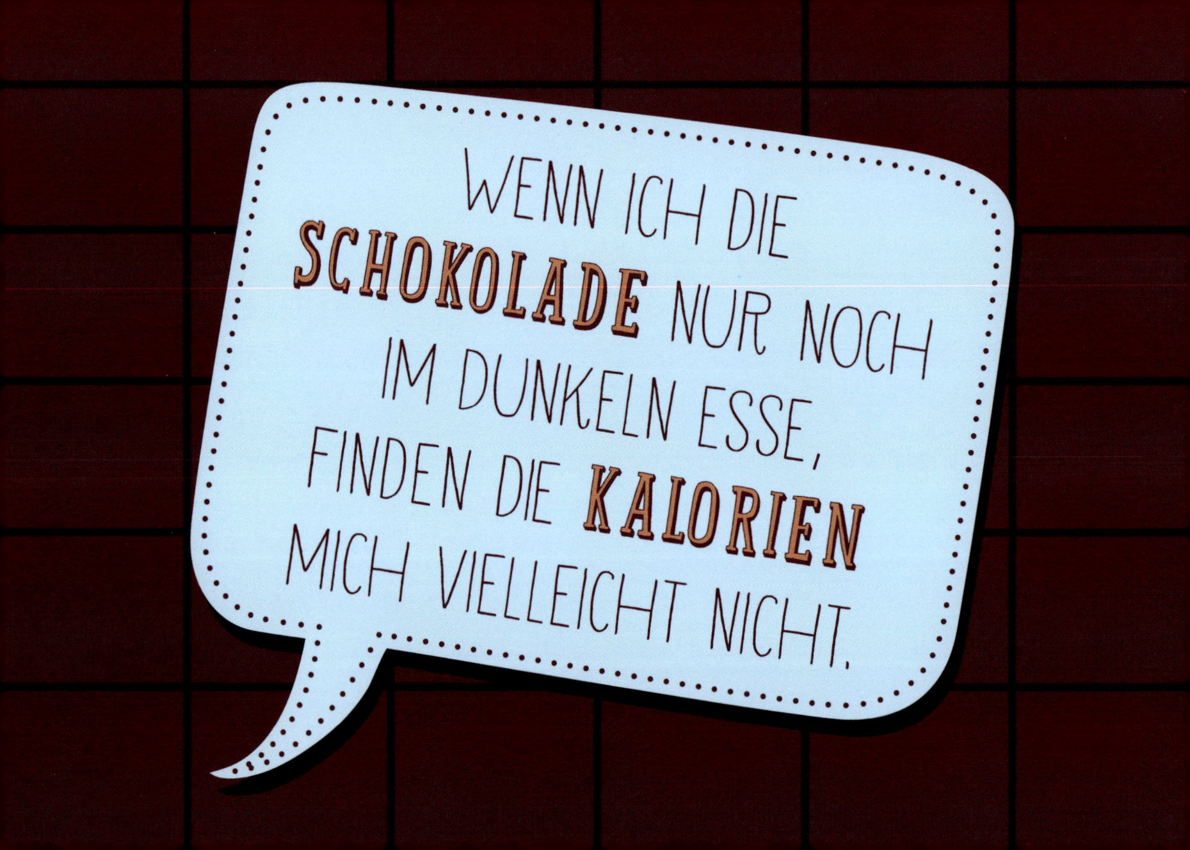
WENN ICH DIE
SCHOKOLADE NUR NOCH
IM DUNKELN ESSE,
FINDEN DIE KALORIEN
MICH VIELLEICHT NICHT.

RETTET DIE ERDE!

Sie ist der einzige Planet mit Schokolade!

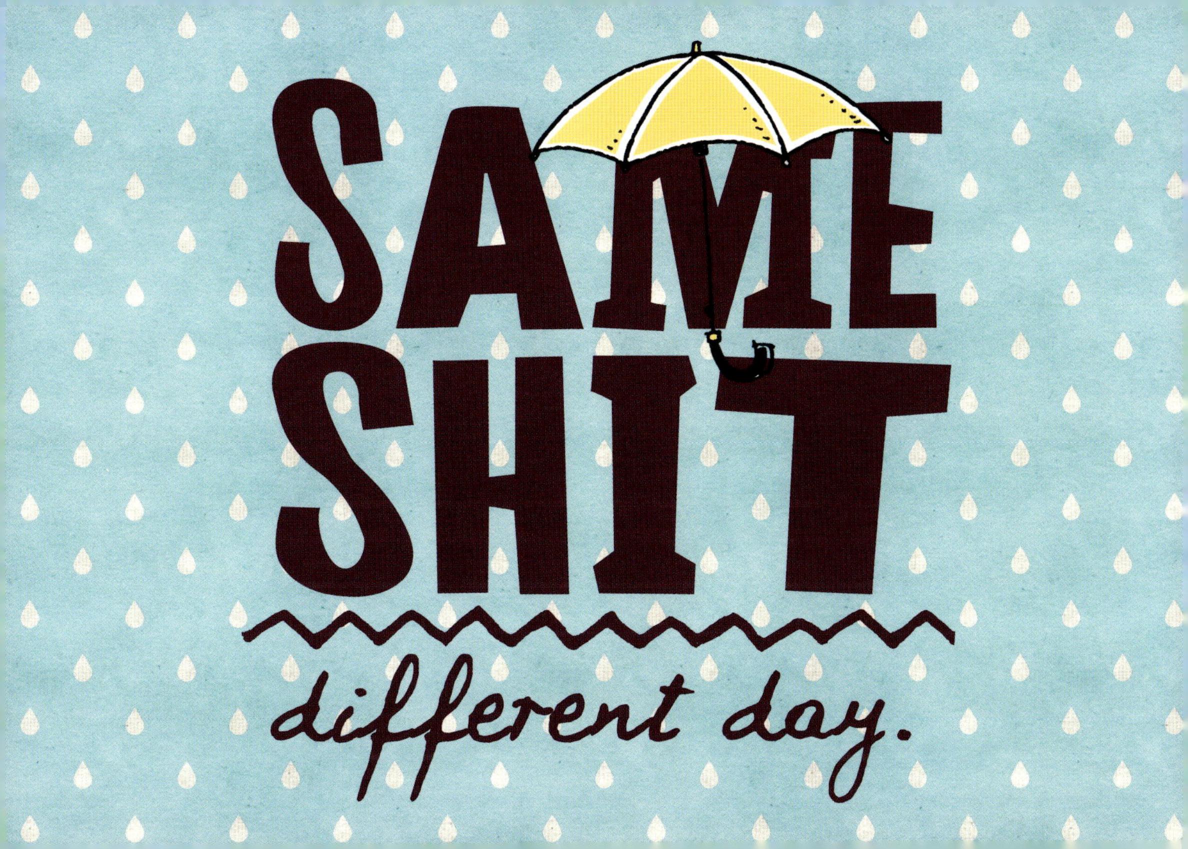
SAME
SHIT
different day.

Das **Leben** beginnt außerhalb der **Komfortzone.**

If you don't like where you are:

MOVE.

You are not a tree.

Bildnachweis
Titel und Seite 19: Yvonne Wagner
Seiten 5, 32 und 33: Lara Stöppel
Seiten 11, 43 und 48: Cornelia Anegg
Seite 37: Janine Roth

Die Rechte für die Texte liegen bei den Autoren/Verlagen.
Trotz intensiver Bemühungen war es dem Verlag leider nicht in allen Fällen möglich,
den jeweiligen Rechtsinhaber ausfindig zu machen:
Für Hinweise sind wir dankbar. Rechtsansprüche bleiben gewahrt.

ISBN 978-3-86229-383-4

Grafik Werkstatt „Das Original" GmbH & Co. KG · Stadtring Nordhorn 113 · D-33334 Gütersloh
www.grafik-werkstatt.de